MYTHOLOGIE SLAVE

Petit livre des Symboles

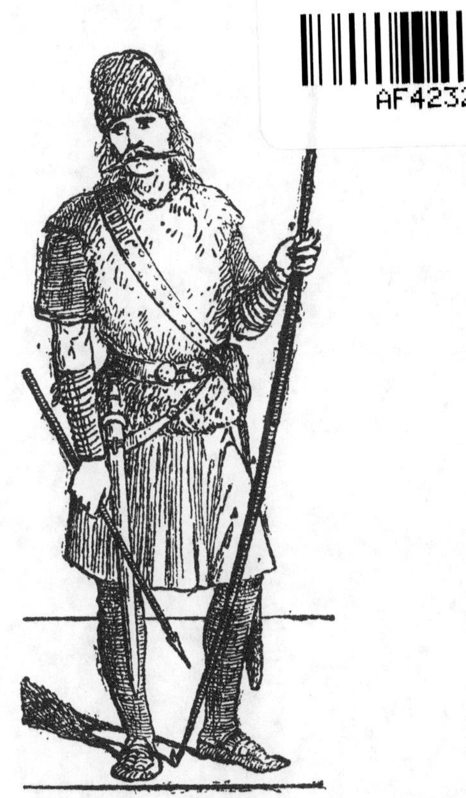

AVANT-PROPOS

Les symboles slaves sont originaires d'Europe du Nord et d'Eurasie.

Les Slaves, qui en furent les créateurs, sont un groupe ethnique qui existe en Europe depuis au moins l'époque des Romains.

Les Slaves sont le plus grand groupe ethnique d'Europe qui partage une histoire linguistique et culturelle.

Les anciens Slaves vivaient dans des sociétés tribales, présidées par des chefs tribaux, et pratiquaient une forme multi-théiste de paganisme.

Au fil du temps, cependant,
les tribus se sont consolidées et,
peu de temps après, la plupart se
sont converties au christianisme.

Les symboles de cette catégorie
proviennent principalement de la
période préchrétienne et sont liés
aux dieux (bóg/**богъ**/bogü)
de la mythologie slave païenne.

La mythologie slave personnifiait
de nombreux aspects du monde,
les fidèles croyant que les eaux,
les forêts, les foyers et même
les maladies étaient représentés
ou gouvernés par des esprits.

Le culte des ancêtres était
tout aussi important pour la

mythologie slave, bien que
les tribus ne tiennent pas
de registres ancestraux.

On croyait que les ancêtres morts
existaient dans le même plan
spirituel que les divinités slaves.

Les dieux primaires étaient
également vénérés, associés
au soleil, à la lune, au ciel,
au paradis et aux enfers.

Les Slaves croyaient en trois plans
d'existence : les cieux, gouvernés par
Perun, Dazhbog, Mokosh et Lada,
symbolisés par le soleil et la lune ;
le plan terrestre, occupé par
l'humanité ; et le monde souterrain,
symbolisé par les serpents

et les ténèbres, gouverné par Veles.

De nos jours, certains anciens rituels slaves persistent en Europe de l'Est et en Europe du Nord.

D'autres ont été assimilés par l'enseignement chrétien et se sont alignés sur de nouvelles croyances.

Un nouveau système de croyance païen, Rodnovery, est apparu ces dernières années, prétendant être une continuation des anciennes croyances slaves que le christianisme a remplacé au Moyen Âge.

SYMBOLES
SLAVES

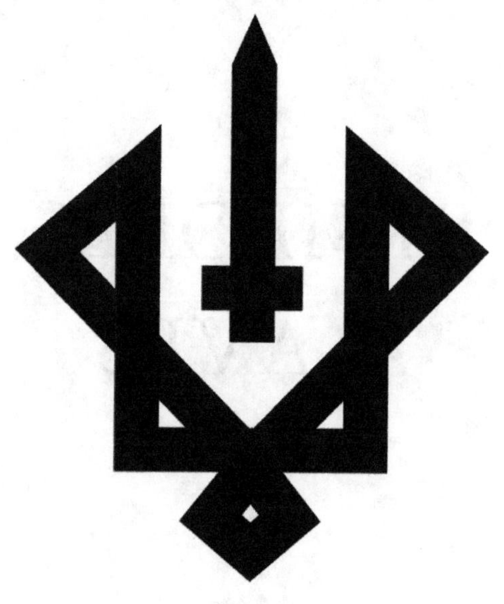

RUEVIT

RUEVIT

Ruevit est un dieu guerrier local.

Il est le gardien et le protecteur de l'île de Rügen dans la mer Baltique.

Il y a un débat quant à savoir si son nom se traduit par "Seigneur de Rugia/Rügen" ou "Le Seigneur Rugissant / Hurlant".

Symboliquement, Ruevit est associé à l'automne et à l'Orient.

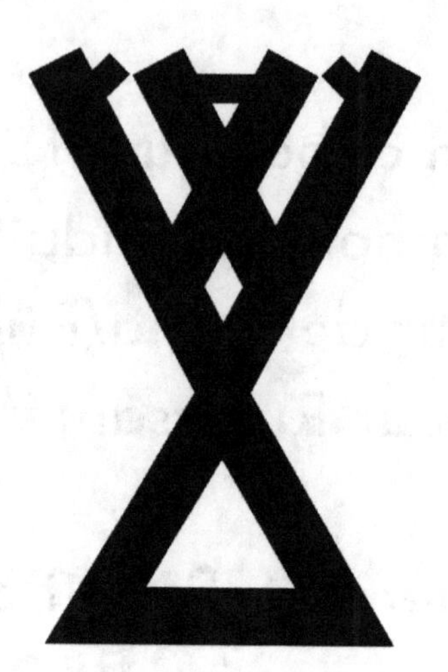

ZHIVA

<u>ZHIVA</u>

Zhiva (ou Živa) est la déesse de la vie dans la mythologie slave.

Son nom se traduit par "Celle qui vit".

Zhiva représente la fertilité, l'amour et le mariage.

Elle est la personnification opposée à Mara, la déesse de la mort.

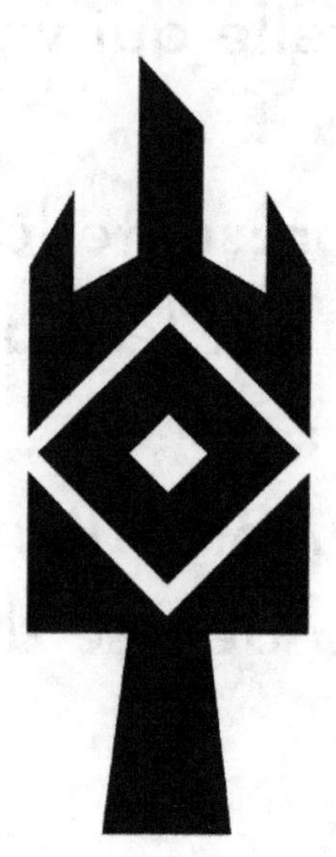

Yarilo

YARILO

Yarilo, dans la mythologie slave,
est le dieu du printemps,
de la fertilité, de la sexualité
et de la paix.

Son nom, parfois appelé Jarilo,
vient du russe et signifie "brillant"
ou "Seigneur brillant".

Yarilo représente la jeunesse
et la renaissance.

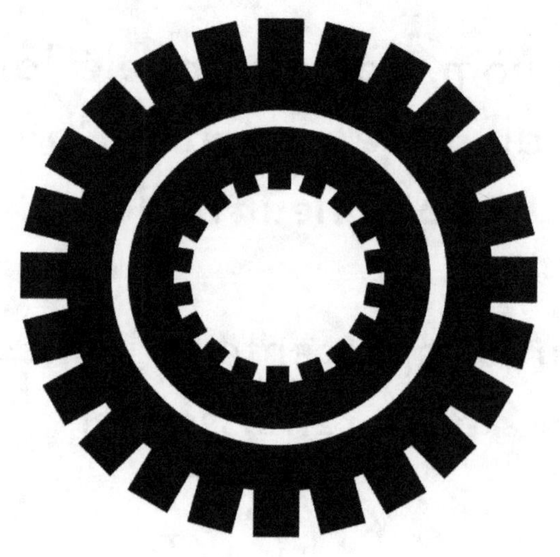

VIY

VIY

Dans la mythologie slave, Viy (ou Bog Viy) est le gardien de la Frontière Céleste, qui sépare les "Light Halls" - le monde spirituel habité par les dieux et les âmes mortes - des "Dark Halls" - peuplés de démons et de mauvais esprits.

Viy veille sur les Slaves et note leurs bonnes et mauvaises actions.

Pour ceux qui font et propagent le mal, Viy les punit avec des cauchemars et des visions terribles.

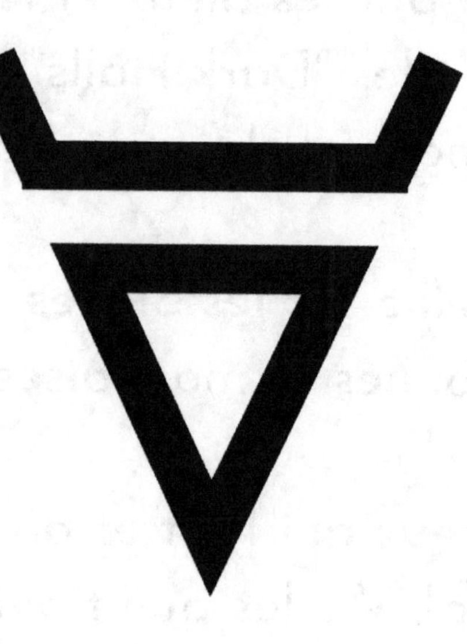

VELES

VELES

Dans la mythologie slave, Veles
(ou Bog Veles) est le gardien des
Portes Célestes, qui séparent le
monde spirituel du monde physique.

Il est associé aux bergers et
aux éleveurs de bétail.

On pense que, pour cette raison,
le symbole de Veles a des
cornes stylisées.

Veles est associé à la créativité,
à l'honnêteté et à la détermination,
ainsi qu'au bon sens, à la sagesse
et à la responsabilité personnelle.

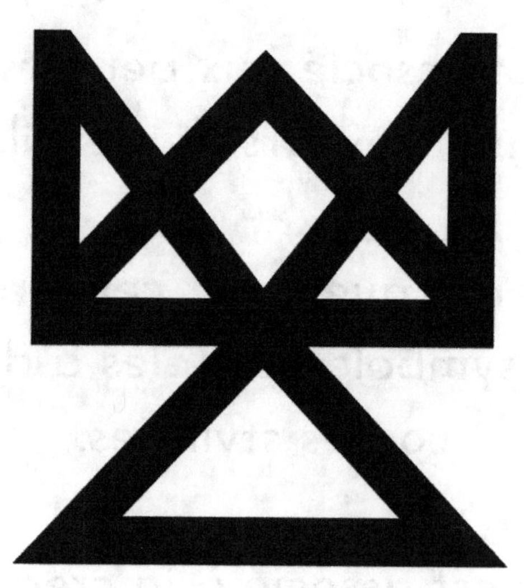

TROJAN

TROJAN

Le symbole de Trojan représente Triglav, qui se traduit littéralement par "à trois têtes".

Les trois têtes en question sont celles de Svarog, Perun et Veles.

Ces dieux sont les personnifications des cieux, de la terre et des enfers.

Le symbole de Trojan représente également les trois éléments : l'air, l'eau et la terre.

Enfin, on peut dire que le symbole de Trojan évoque les trois dimensions du temps : passé, présent et futur.

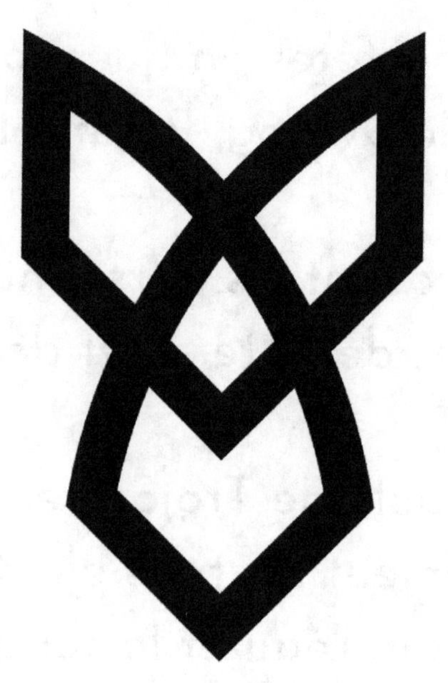

SVENTOVIT

SVENTOVIT

Sventovit est le dieu slave
de la guerre.
Son symbole représente la
connexion entre les eaux de la terre
et les feux du ciel.

C'est de cette connexion que de
nouvelles âmes émergent.

Le symbole Sventovit est celui de la
protection des femmes enceintes, et
on dit que le porter encourage la
naissance d'enfants en bonne santé.

C'est aussi un symbole pour ceux
qui traversent des difficultés
spirituelles ou un dur labeur,
offrant force et persévérance
à ceux qui en ont besoin.

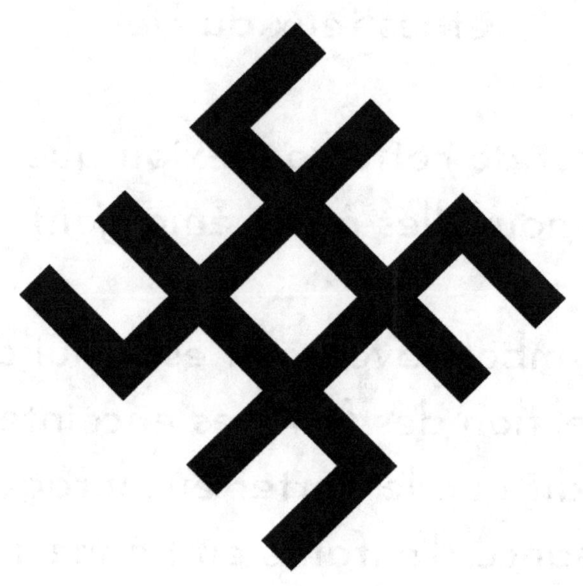

Svarog

SVAROG

Svarog, dans la mythologie slave, était le dieu du feu, du soleil et du ciel (le ciel étant le monde des dieux et des âmes mortes).

Il était associé aux forgerons et à la forge du fer.

Dans certaines versions de la mythologie, Svarog est le créateur de nombreux autres dieux et un tueur de dragons.

Il représente la virilité.

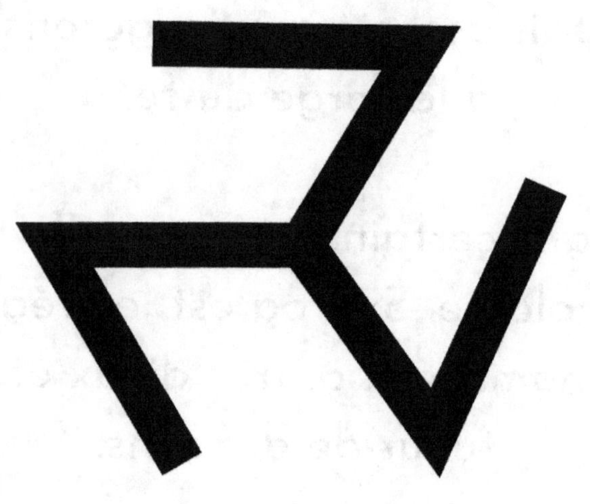

SVAROZHICH

SVAROZHICH

Le Svarozhich (ou Svarojich) est le symbole de Svarog.

Svarog est le créateur des autres dieux, associés à la forge.

Le Svarozhich est donc le feu céleste à partir duquel les dieux ont été forgés.

Il protège les vivants de la destruction et de la dégradation de l'âme et de l'esprit.

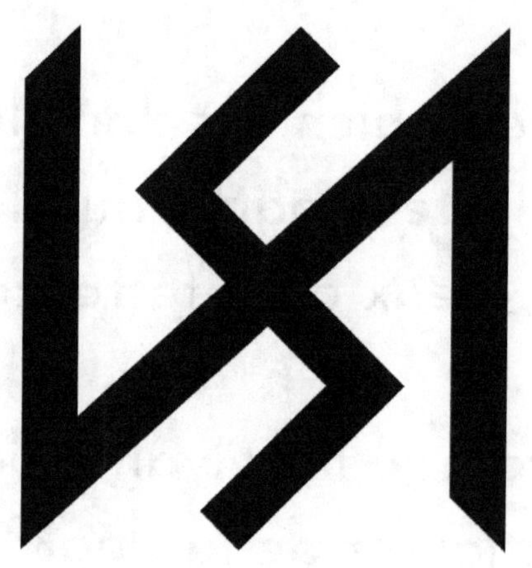

STRIBOG

STRIBOG

Dans la mythologie slave,
Stribog était le dieu de l'air,
du vent et des tempêtes.

Stribog se traduit par
"diffuseur de richesse",
et on disait qu'il reliait
la terre aux cieux.

En tant que personnification du
vent, Stribog était souvent
symboliquement invité à l'intérieur
de la maison, ou aux repas, car le
vent était associé à la distribution
de la richesse ou des richesses.

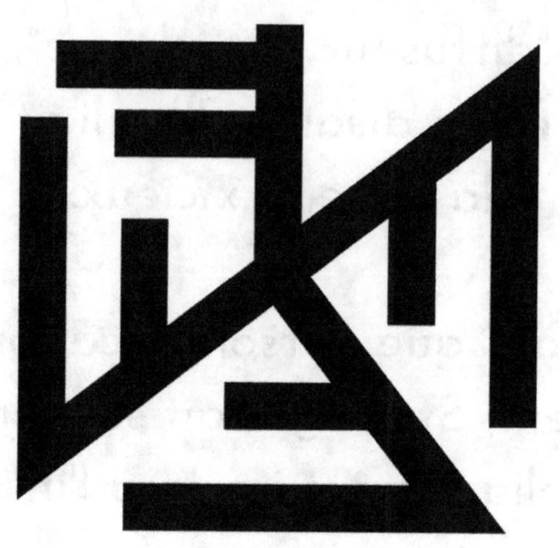

Semargl

SEMARGL

Semargl est une créature chimérique de la mythologie slave, souvent représentée comme un lion ou un gros chien ailé.

Semargl représente la bonne fortune, la boisson et l'abondance.

Il est aussi un symbole de protection pour les marins.

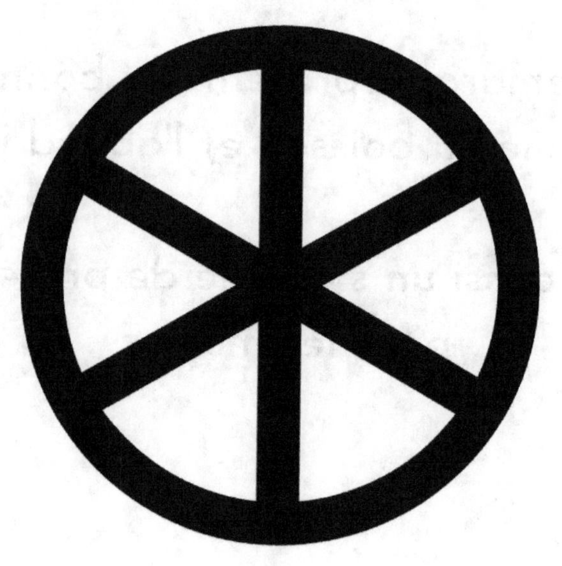

ROD

ROD

Rod est la divinité slave originale et suprême, qui a créé le monde et tout ce qui existe en son sein.

Dans la mythologie slave, Rod séparait le monde physique du monde spirituel.

Rod est souvent représenté comme un homme, tenant un poisson, une roue, des fleurs et portant une ceinture en lin qui bouge au vent. Ces accoutrements représentent quatre éléments : l'eau, la terre, le soleil et l'air.

Le symbole de Rod est un cercle contenant une rose à six pétales s'étendant vers les bords.

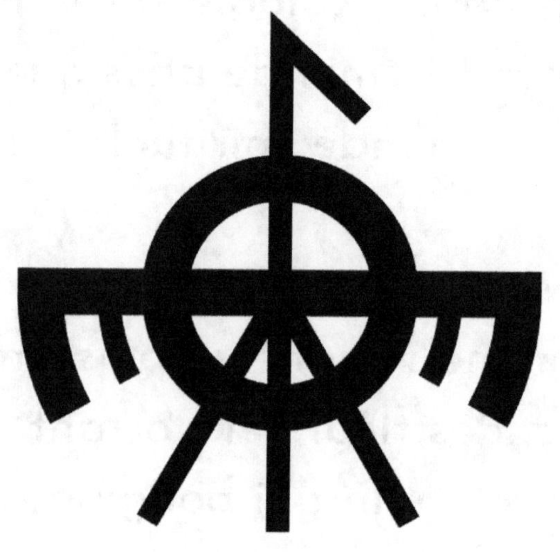

Raróg

RARÓG

Le Raróg, dans la mythologie
et la légende slave, est
un démon du feu.

Le Raróg était généralement
représenté sous la forme d'un
phénix, d'un faucon ou d'un autre
oiseau de proie.

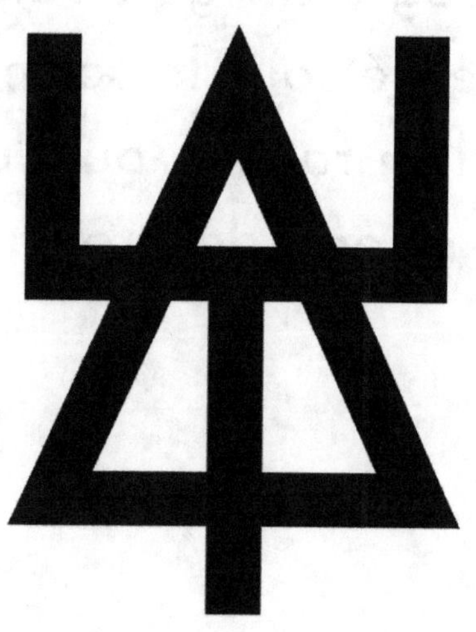

RADEGAST

RADEGAST

Radegast est le dieu slave de la force, de l'honneur et de l'hospitalité.

Le nom "Radegast" se traduit approximativement par "cher invité" ou "invité bienvenu".

Il est associé à de nombreux animaux, en particulier des oiseaux et des serpents.

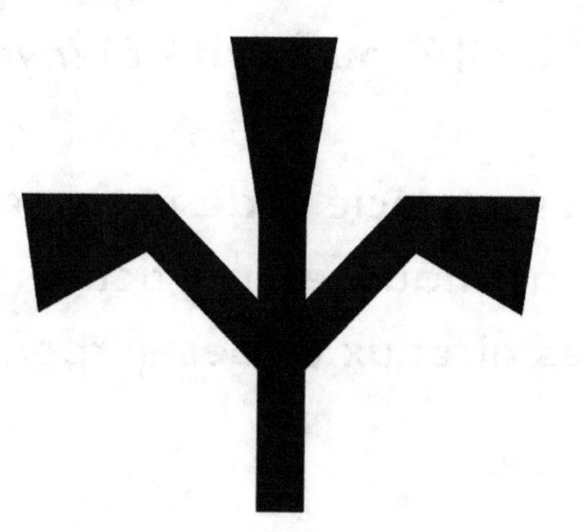

PROV

PROV

Le symbole de Prov
représente la vérité.

La vérité est parfois personnifiée
par un dieu, Prov, qui est
le gardien de la loi, de la légalité
et de la droiture.

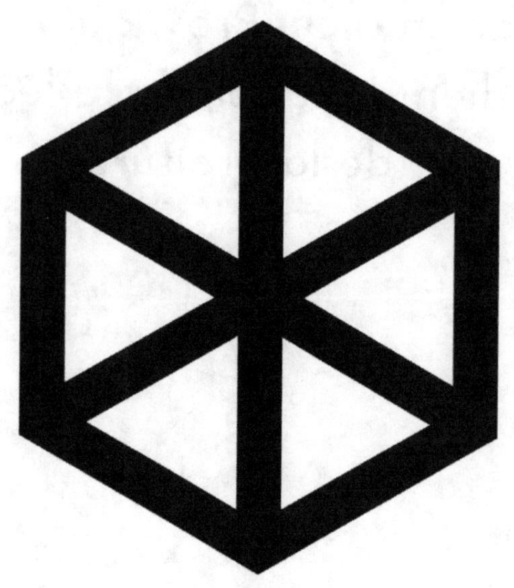

PERUN

PERUN

Perun est le dieu slave
du tonnerre et de la guerre.

Il est représentatif de
la force destructrice et masculine
de la nature.

Il est susceptible d'avoir été le dieu
le plus élevé de la tradition slave,
semblable à Zeus dans la
mythologie grecque antique.

Il était associé au tonnerre, à la
foudre, aux tempêtes, au feu, aux
montagnes, à la fertilité, à la loi,
à la guerre et aux armes.

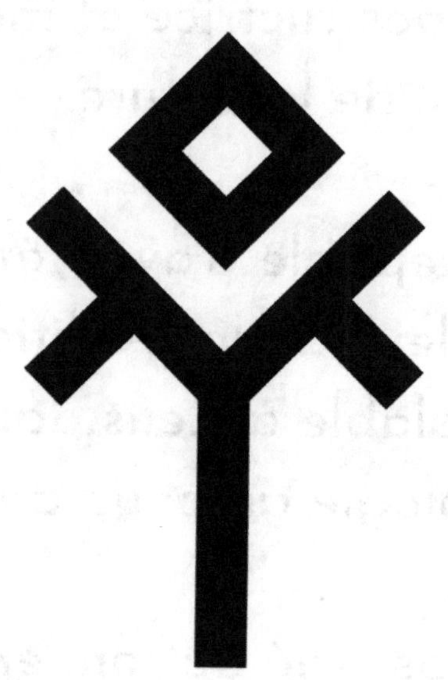

NEMIZA

NEMIZA

Nemiza est le dieu slave de la mort,
en ce sens qu'il ou elle
"couperait le fil de la vie".

Le dieu a été représenté,
à différentes époques, à la fois
comme homme et comme femme.

Nemiza a apporté le malheur avec
la mort, mais a également mis fin
à la souffrance, faisant passer
les âmes d'une vie à l'autre.

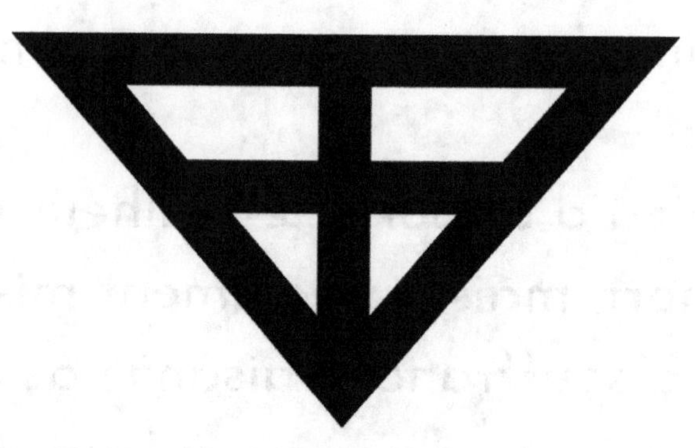

MOROK

MOROK

Morok, qui se traduit littéralement
par "ténèbres" en russe moderne,
est le dieu slave de l'ignorance,
de l'erreur, de la tromperie
et du mensonge.

Peut-être étonnamment,
il est aussi un gardien de la vérité,
cachant la vérité aux vaniteux
et aux égoïstes.

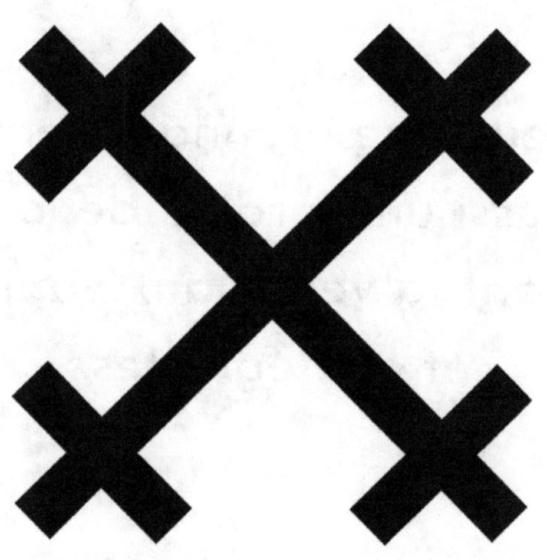

MARA

MARA

La déesse Mara, parfois "Marzanna", dans le paganisme slave, représentait la mort et la renaissance de la nature, en particulier la fin de l'hiver et le début du printemps.

Elle est la déesse de la mort, de la renaissance, des lieux ruraux et des jeunes plantes.

Dans certaines cultures, une effigie de Mara est "noyée" (parfois brûlée) pour provoquer plus rapidement la fin de l'hiver et le début du printemps.

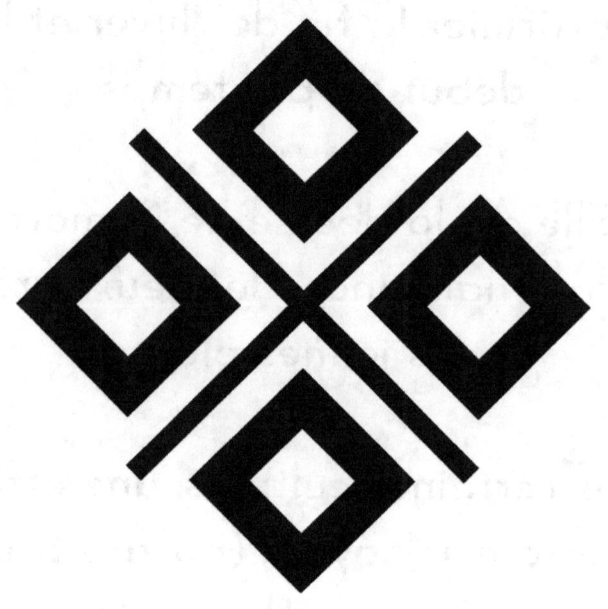

MOKOSH

MOKOSH

Mokosh est parfois appelée la
"Grande Mère".

Elle est le dieu slave des efforts
féminins, tels que le filage,
le tissage et la tonte.

Elle offre une protection aux
femmes lors de l'accouchement.

Mokosh est associé au destin
et au sort, en particulier
le destin des femmes.

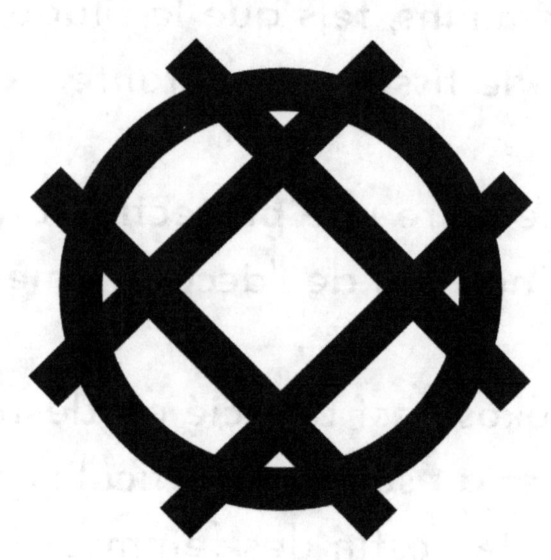

LADA

LADA

Lada est la déesse slave de la beauté et de la fertilité.

Son symbole, ou étoile, sert de protection contre l'énergie négative ou les forces obscures.

Les quatre pointes de l'étoile représentent la foi, la liberté, la droiture et l'honneur, tandis que le cercle représente le Soleil.

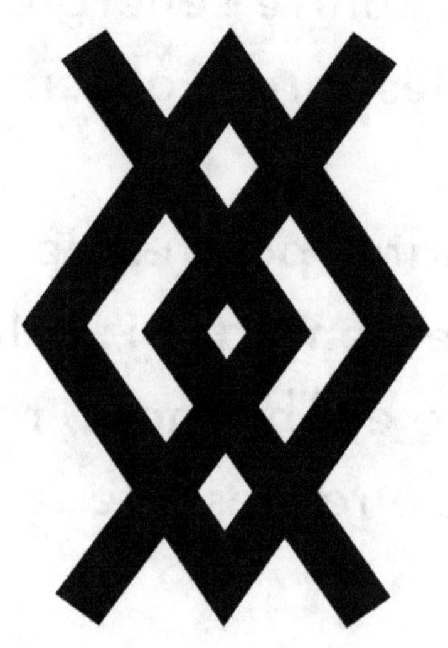

Kupalo

<u>KUPALO</u>

Kupalo est le dieu slave
du solstice d'été.

Souvent représentée comme une
divinité féminine, elle représente la
joie, l'eau et le soleil de midi.

La nuit de Kupala est encore
célébrée dans de nombreux pays
d'Europe du Nord au solstice d'été,
car la tradition slave païenne
a été assimilée aux premiers
rituels chrétiens.

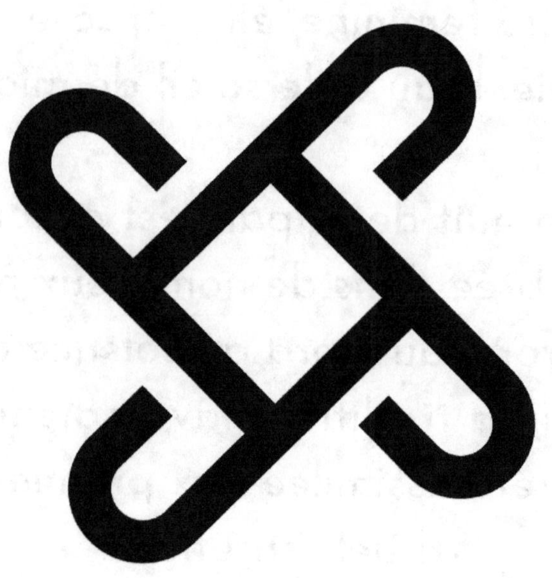

Koliada

KOLIADA

Le mot "Koliada" est dérivé du mot slave pour "roue" ou "cycle".

Koliada est le dieu de la nouvelle année et du lever du nouveau soleil chaque jour.

Il représente le changement des saisons et le festival Koliada a lieu après le solstice d'hiver.

Il est probable que le mot anglais "calendar" (calendrier) soit dérivé du nom de ce symbole.

Koliada est parfois appelée Tausen.

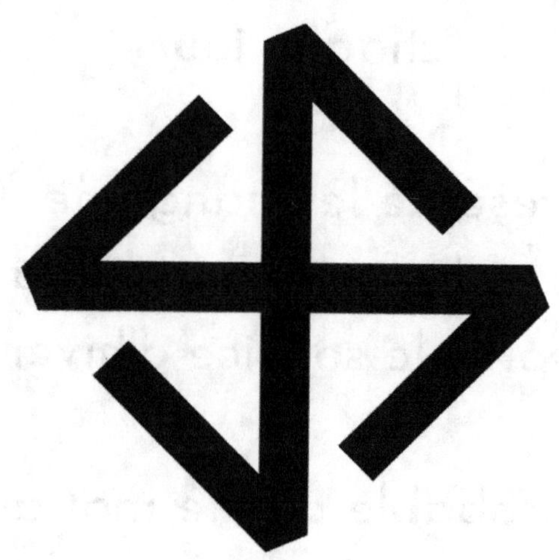

Hors

HORS

Bog Hors est un dieu du soleil et
de la lumière du soleil.
Il est le gardien du beau temps.

C'est Bog Hors qui veille à ce que
la récolte soit abondante et que
le bétail soit en bonne santé.

Il s'assure que la chasse est
fructueuse et que les pêcheurs
attrapent beaucoup de poissons.

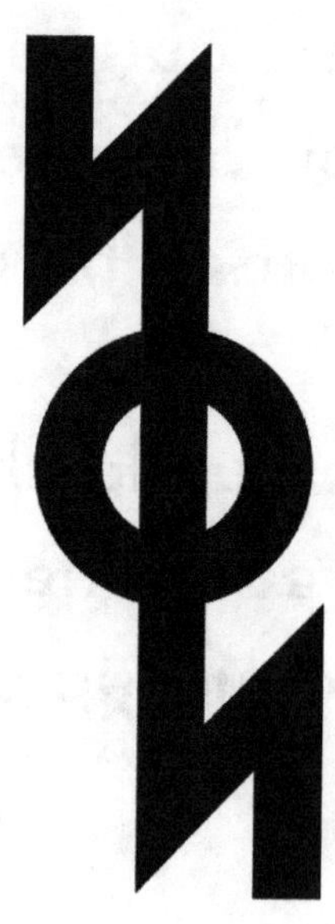

DODOLA

DODOLA

Dodola est la déesse slave de
la pluie, parfois considérée comme
la déesse de l'air.

Le rituel païen de Dodola est
encore pratiqué dans certaines
parties de l'Europe du Nord et des
États baltes, dans lequel un jeune
garçon ou une fille chante et danse
à travers le village, collectant de
l'argent qui sera dépensé pour
une fête en l'honneur de Perun
(le dieu du tonnerre), dont
Dodola est l'épouse.

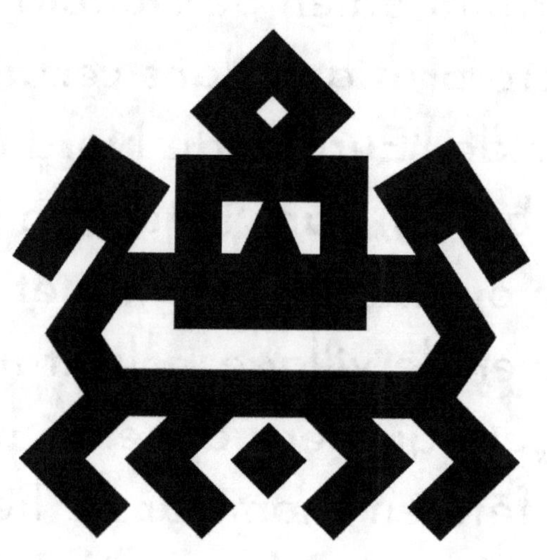

DAZHBOG

DAZHBOG

Dans la mythologie slave, Dazhbog est le dieu du soleil.

Il est une source de richesse, parfois traduit par "donneur de richesse", et représente la justice et le bien-être.

Comme le soleil dans le ciel, il symbolise le triomphe de la lumière sur les ténèbres.

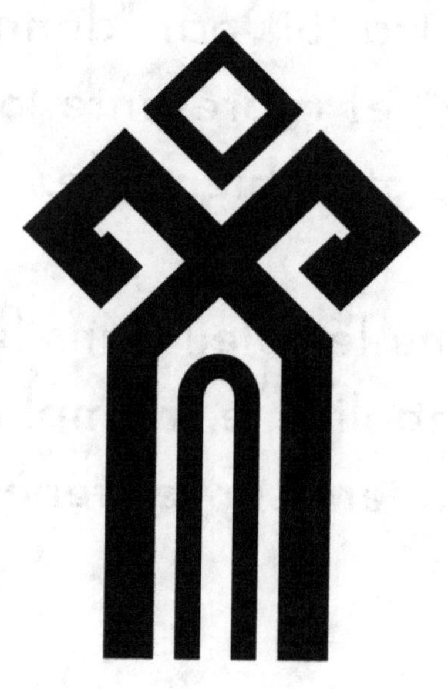

CHUR

CHUR

Le symbole Chur représente le dieu
des limites et de la propriété.

Chur symbolise également
la délimitation entre ce qui
appartient à une personne et
ce qui appartient à une autre.

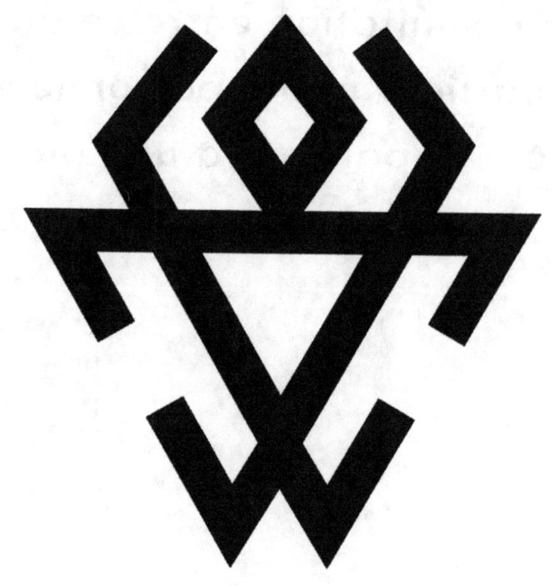

CHERNOBOG

CHERNOBOG

Chernobog se traduit littéralement
par "dieu noir".

La religion slave traite souvent
de la dualité, ce qui signifie que
le dieu noir s'opposerait,
ou peut-être complimenterait,
le "dieu blanc" (Belobog).

Pour cette raison,
le symbole représente l'obscurité,
la nuit et la mort.

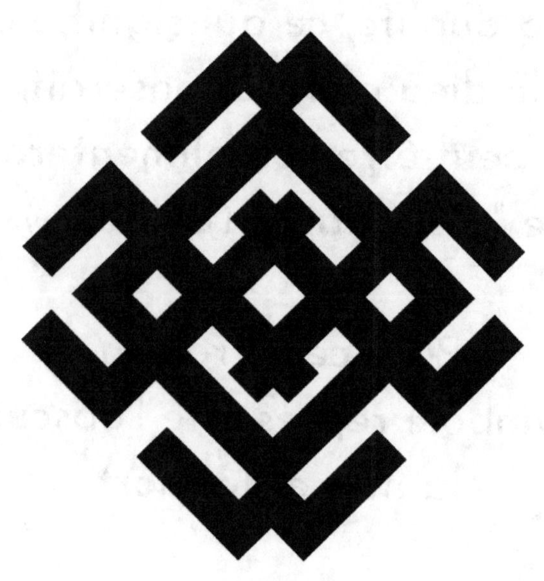

BELOBOG

BELOBOG

Le symbole Belobog représente
la lumière, la bonté, le bien-être et
le bonheur (le "dieu blanc").

Le symbole accorde au porteur
la bonne fortune et
une récolte abondante.

Pour cette raison, le symbole
représente la richesse.

C'est aussi un symbole de protection.

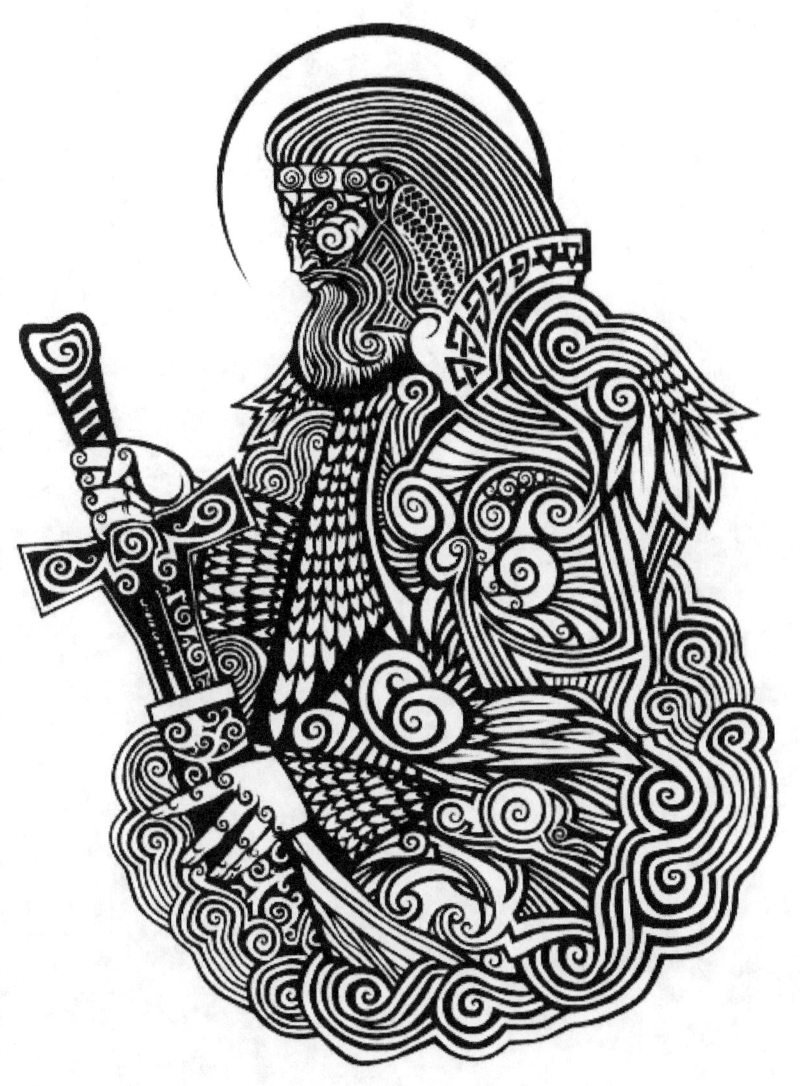

PERUN

www.ingramcontent.com/pod-product-compliance
Lightning Source LLC
Chambersburg PA
CBHW072122150726
47999CB00005B/2089